Joel Atse

Astuces simples pour devenir un Leader

Joel Atse

Astuces simples pour devenir un Leader

Éditions Muse

Imprint

Cover image: www.ingimage.com

Publisher:
Éditions Muse
is a trademark of
International Book Market Service Ltd., member of OmniScriptum Publishing Group
17 Meldrum Street, Beau Bassin 71504, Mauritius

Printed at: see last page
ISBN: 978-620-2-29685-4

Introduction

<<La simplicité est la sophistication suprême>> a dit Léonard de Vinci.

Depuis 2016, j'ai intégré une organisation international, il s'agit de Toastmasters International.

J'ai occupé plusieurs postes d'officiers dont les postes de commissaire à l'organisation, secrétaire, vice président à l'éducation et président.

Lors de mon parcours , j'ai recherché un document simple et pratique pour m'aider à développer mon leadership.

Je n'ai pas trouvé ce livre que je recherchais, jour et nuit sur les différents marchés.

J'ai donc décidé d'écrire un livre simple basé sur mon expérience personnelle et mes lectures. Ce livre de poche a pour but de faire naître des millions de leaders dans ce monde.

Introduction

Chapitre 1 : Astuces simples pour écouter

Dieu dans son immense amour a créé l'homme à son image.

IL l'a doté de cinq sens dont l'ouïe.

Ce sens nous permet d'entendre et non d'écouter. Tout être humain a la capacité d'entendre à moins qu'il soit malentendant.

Le leader ne doit pas seulement entendre, il doit aussi écouter.

L'art d'écouter est une compétence qui s'acquiert, qui se développe.

Quels sont donc les principes simples à l'écoute ?

Le premier principe est dégagé par Confucius << si l'homme a deux oreilles et une bouche, c'est pour plus écouter qu'il ne parle>>

A travers cette pensée, un principe se dégage. Le but de l'écoute n'est pas de parler. En effet, il faut savoir dissocier l'écoute et la prise de parole.

Dans la plupart de nos interactions, nous écoutons seulement pour donner une réponse.

L'écoute est pour nous, un droit de défense afin de se justifier.

Cette manière d'écouter est une erreur: écouter, ce n'est pas cherché à se défendre mais plutôt chercher à comprendre l'autre.

Le deuxième principe est la reformulation: il obéit à la communication consciente.

Il est vrai que les mots que nous utilisons ne souffrent d'aucune interprétation personnelle (car chaque mot est défini par le

dictionnaire d'origine) à l'instar du dictionnaire français.

Penser ainsi est une grave erreur. Car elle rend l'écoute stérile.

La communication consciente nous dit que chacun interprète les mots qu'il entend selon sa sensibilité.

Pour vous assurer que votre interlocuteur et vous êtes sur la même longueur d'ombre, reformulez ce qu'il a dit avec vos propres mots.

Après chaque reformulation demandez à votre interlocuteur : << Est-ce ce que vous vouliez dire ?>>.

Une manière de vous assurer que vous comprenez parfaitement chaque mot prononcé par votre interlocuteur.

Le troisième principe de l'écoute nous est donné par Marc Aurèle.

Marc Aurèle dit :< Accoutume-toi à prêter sans distraction l'oreille aux paroles des autres et entre autant qu'il se peut dans la pensée de celui qui parle>.

Le principe qui dégage ici est de ne pas s'arrêter à la compréhension des mots utilisés par votre, mais de faire un pas de plus. Pénétrez dans sa pensée, pensez telle qu'il pense.

Nettoyez toutes les zones d'ombre qu'il cache à travers sa communication.

Pour se faire, Marc-Aurèle dégage deux astuces : le premier est de s'accoutumer à prêter sans distraction l'oreille aux paroles des autres.

Dans un monde dominé par la technologie et les smartphones, nous sommes de plus en plus distraits.

Notre capacité de concentration est proche de zéro. Il nous est difficile de rester concentrés, de s'accoutumer à écouter.

Certes, cela est difficile mais pas impossible.

Ralph Emerson dit <<Nous sommes ceux que nous répétons chaque jour, l'excellence n'est alors plus un acte, mais une habitude>>

C'est pour cela que Marc-Aurèle utilise le thème, il faut s'accoutumer. Accoutumer a pour racine coutume, c'est une habitude que nous devions développer.

En d'autres termes, nous devons apprendre chaque jour à prêter l'oreille à notre interlocuteur jusqu'à ce que cela devienne une habitude, une coutume pour nous.

La deuxième technique est de pénétrer la pensée de notre interlocuteur.

Nous avons tous un système de pensées qui est comme un code. C'est pour cela, il est dit en développement personnel si tu demandes quelque chose à une tierce personne et que tu n'as pas eu ce que tu demandes c'est de ta faute.

Il est aussi dit dans le domaine religieux <<demandez et l'on vous donnera>>.

Toutefois que vous demandiez, vous devez avoir une réponse favorable. S'il arrive que vous n'avez pas eu une réponse favorable, c'est parce que vous n'avez pas su craquez le code de votre interlocuteur.

Pour pouvoir pénétrer dans la pensée de votre interlocuteur, vous devriez craquer son système de pensées.

Le quatrième principe est d'avoir deux cerveaux, est-ce possible ?

Leonard de Vinci, nous donne à travers une de ses citations le principe qui nous permet d'obtenir deux cerveaux.

<Savoir écouter, c'est posséder, outre le sien, le cerveau des autres>, Leonard de Vinci.

Lorsque nous écoutons, nous faisons la plupart du temps des suppositions.

Je pense que, à chaque fois que vous pensiez, vous possédez votre cerveau et non le cerveau de l'autre.

Je suppose que, à chaque fois que vous supposiez, vous possédez votre cerveau et non le cerveau de l'autre.

Je sais que, à chaque fois que vous supposiez, vous possédez votre cerveau et le cerveau de l'autre.

Possédez le cerveau de l’autre, c’est pouvoir se mettre à la place de l’autre, c’est le pouvoir de l’empathie.

Comprendre l’autre c'est se mettre à la place de l’autre, comprendre son raisonnement, sa manière de pensée et ses émotions.

Etre empathique, c’est comprendre la colère, la tristesse, la joie de l’autre même si personnellement, nous pensons que c’est un non-sens.

Chapitre 2 : Astuces simples pour parler

Au commencement était la parole, la parole était avec Dieu et la parole était Dieu.

La parole est sacrée, nous devons en faire bon usage.

Le premier principe est de donner de la valeur à sa parole. Le principe dit : <la promesse est une dette>

C'est pour cela que le sage dit < de ne rien promettre. Toutefois si vous faites une promesse même couché dans un lit d'hôpital, faites tout pour honorer votre promesse>

Celui qui honore sa promesse augmente son influence et aussi son cercle d'influence.

Il est reconnu par ses pairs comme une personne intègre. Celui qui honore ses promesses peut se servir de sa parole comme une monnaie d'échange car sa parole à de la valeur.

A quel moment parler ? Une question que doit se poser à chaque fois un leader.

Franck Nicolas, coach et conférencier international, nous donne un principe simple :< On ne donne pas son avis ne nous a pas demandé>.

En effet, donner son avis sans avoir été convié c'est de l'ingérence. Dans ce monde, aucune personne n'aime l'ingérence.

L'ingérence est le chemin le plus rapide pour se créer des ennemis.

Comment parler ? Le principe dit avant de parler, il faut rendre votre interlocuteur capable d'écouter.

La bible dit tant que l'héritier demeurera enfant, il aura un tuteur. Avant de parler, le leader doit savoir qui, il a en face de lui.

L'important n'est pas de regarder l'âge mais plutôt le degré de maturité de celui qui et en face.

Quelle est son système de pensée ? Quelle est son expérience ? A quoi est-il sensible ?

S'il n'est pas prêt à écouter ce que vous avez à dire, alors votre rôle est de le rendre capable de comprendre.

Pour cela, vous devez avoir la capacité d'une mère aimante. L'accompagné chaque jour jusqu'à ce qu'il soit capable de comprendre ce que vous aviez à dire.

Une fois que votre interlocuteur est capable de comprendre vos mots, vous devrez passer votre parole dans des filtres.

Le premier filtre est le suivant << ce que j'ai à dire ne fait-il pas de mal à quelqu'un>>

La parole doit être impeccable comme le dit l'un des accords toltèque. C'est dire que votre parole ne doit faire de mal à personne car la parole est une épée à double tranchante.

Le principe dit << ce qui est dit dans l'obscurité sera entendu en plein jour, ce qui est dit dans l'oreille sera entendu sur la place publique>>

Avant de parler, posez-vous les questions suivantes :

Et si ce que je dis était entendu en plein jour ? Quelle image publique je risque de dégager ?

Et si ce que je dis était entendu sur la place publique? Quelle image, je risque de dégager.

Ces deux questions vous aideront à avoir une parole claire comme l'eau de roche.

Le deuxième filtre est le suivant :<< Est-ce vrai ce que j'ai à dire>

La recherche de la vérité est très importante et nécessaire. Le leader doit se jouer l'inspecteur colombo pour vérifier la véracité des informations qu'il a.

Le leader ne doit pas se laisser prendre par l'émotion, l'enthousiasme d'une bonne nouvelle, ne doit pas l'emmener à parler tôt.

Le leader ne doit pas se laisser prendre par l'émotion, la frustration d'une mauvaise nouvelle, ne doit pas l'emmener à parler tôt.

Le leader doit être patient, laisser l'émotion passée, prendre le temps de vérifier l'information qu'il a reçu avant de se prononcer.

Le troisième filtre est le suivant « est-ce que cela vaut la peine de troubler le silence ?>>

Le silence est le langage le plus précieux. C'est une relation entre le ciel et la terre. Le silence est une harmonie permanente, une beauté.

Avant de troubler cette harmonie, il faut peser le pour et le contre. Cette parole qui va sortir, mérite-t-elle de troubler le silence.

Le silence est une qualité de tous les grands leaders, le silence est le meilleur allié du leader.

Avant de parler, le leader doit constamment se poser la question suivante < Ce que j'ai à dire est-il plus beau que le silence ?>

Chapitre 3 : Astuces simples pour apprendre à communiquer

La communication est une science abstraite, elle nait du langage.

Tous les hommes communiquent, dès la naissance, nous avons communiqué avec nos premières pleures.

La communication est un ensemble composé de la parole, le ton, la gestuelle.

Au sein d'une organisation, nous avons deux types de communications. La communication entre les membres de l'équipe dirigeante et la communication avec l'équipe des membres.

La communication avec les membres de l'équipe dirigeante se fait la plupart du temps sous forme de réunion ordinaire ou de crise.

Les réunions ordinaires sont prévues à l'avance par les membres de l'équipe dirigeante. Les réunions de crise sont demandées par le premier responsable ou un membre de l'équipe dirigeante de manière factuelle.

Une réunion de crise répond à une urgence à régler.

Au cours d'une réunion ordinaire, le premier responsable à l'opportunité de mesurer le niveau de motivation des membres de l'équipe dirigeante.

L'absentéisme aux réunions est une mesure de la démotivation des membres.

La communication avec les membres de l'équipe dirigeante est une communication stratégique.

Son rôle consiste à développer les projets à réaliser et trouvez les grands axes stratégiques qui permettrons à tous ces projets de voir le jour.

C'est aussi l'occasion pour l'équipe dirigeante de s'accorder et d'avoir un même point de vue sur les sujets développés.

Une fois, les projets développés au niveau de l'équipe dirigeante, il est important de partager ces projets avec l'équipe des membres. Quid à prendre les avis de l'équipe des membres afin d'orienter leurs engagements.

Le leader doit chaque jour développer ces qualités de communicant afin de diriger avec efficacité son organisation.

En termes de communication, le leader doit être un amateur de série télévisée.

Dans les séries télévisées, à chaque instant, le scénariste laisse des indices pour que nous puissions réfléchir afin d'aiguiser notre réflexion.

Cela est tout à faire, faux. Le scénariste laisse des indices afin de nous convaincre, que l'idée qu'il nous partage provient de nous. Étant une idée que nous avons nourri, nous sommes du même avis avec le scénariste.

Cependant, s'il avait déposé l'idée toute cuite, nous serions opposés.

Dans sa stratégie de communication, le leader doit exposer les idées en sous partie en laissant des indices qui portent à réflexion. Au fur et à mesure que les membres nourrirons cette idée que le leader veut faire passer dans leurs esprits, Ils seront tout à faire en accord avec le leader croyant que l'idée provient d'eux.

Chapitre 4 : Astuces simples pour être omniprésent

Le leader est confronté à plusieurs problèmes au sein de son organisation. Des problèmes d'égoïsmes, de sabotages et de conflits.

Le principe de base est le suivant < les hommes sont à la recherche de leur bien-être personnelle>.

Nous aimerons que les besoins personnelles des membres et de l'organisation coïncident toujours.

Mais, il arrive que les besoins personnels et celles de l'organisation divergent voire prennent des chemins opposés.

A ce moment, le leader n'arrive plus à comprendre les actions des membres qui sabotent les réunions.

Ils sont toujours aimables lorsque le leader échange avec eux, il n'arrive donc pas à comprendre leurs actions.

Il finit par se plaindre, à bout de nerfs parce qu'il n'arrive pas à comprendre ce qui se passe.

C'est pour cela que le leader doit être omniprésent, pour savoir tout ce qui se dit. Le leader doit être à mesure de cerner la pensée du membre avant que ce dernier arrive à penser.

Pour se faire, le leader doit avoir des espions au niveau de chaque sous-organisation de son organisation.

Le leader n'a pas besoin d'avoir des personnes qui vont se jouer aux mouchards car cela risque de nuire à son organisation.

Le leader doit simplement sélectionner dans chaque sous organisation des personnes compétentes, audacieuses qui penseront comme lui. Ces derniers ayant à cœur le bien être de l'organisation, ils feront passer les besoins de l'organisation avant leurs besoins.

Ils feront tous les rapports nécessaires au leader afin que l'organisation puisse prospérer.

Tels des soldats qui obéissent à leur colonel ou comme des élèves qui obéissent à leur maitre.

Le leader ne doit jamais traiter ces derniers comme des serviteurs, de simples membres. Il doit les traités comme son fils bien aimé.

Ils doivent connaitre la vision détaillé du leader, ils doivent être mis dans la confidentialité afin qu'ils se sentent comme des élus.

Seuls les élus choisis peuvent rester fidèles et loyaux au leader. Le leader doit rester indépendant, il ne doit pas s'attacher à un de ses membres afin qu'il ait un regard objectif et neutre.

L'indépendance permet au leader de rester au centre de l'organisation et aussi de rester un médiateur au cours des différents conflits au sein de l'organisation.

L'omniprésence permet au leader d'être au centre de l'information.

Ne dit-on pas que :< l'information c'est le pouvoir>

Un tel leader à la capacité d'emmener toute organisation à un succès fulgurant.

Un tel leader est arraché et félicité par ses pairs.

Le leader doit rester toujours au centre de l'organisation, il ne doit ni aller à gauche, ni aller à droite.

En étant au centre tout comme le soleil, il rayonne, influence la vie de ses membres et de l'organisation.

Chapitre 5 : Astuces simples pour être insaisissable

Le leader doit être insaisissable comme le vent. Il doit protéger les siens comme un expert en jeu d'échec.

Toutefois, il ne doit pas être un paranoïaque qui voit des ennemies partout.

Un leader paranoïaque est un échec, car il dépense beaucoup d'énergie et restera épuisé.

Il n'arrivera plus à dormir la nuit et risque de chercher le diable au paradis.

Un tel leader est un échec.

Le leader insaisissable sait que sa stratégie est un tout pour atteindre un objectif.

L'objectif du leader est divisé en puzzle de sorte qu'il est le seul à connaitre l'objectif.

Il partage une partir du puzzle au moment opportun, ni avant ni après. A l'instant parfait.

Le leader insaisissable sait que la perfection se trouve dans les détails. De fait, il ne néglige rien.

En plus de son objectif, il garde secret sa motivation. Car la motivation est toujours liée à l'objectif.

Le leader insaisissable sait qu'il y'a plus de 10 000 paires d'yeux, qui le scrutent chaque jour pour comprendre son objectif et aussi saisi la source de sa motivation.

Pour toujours avoir une avance sur son entourage, il imite parfaitement le porc épic.

Rappelons que le porc épic est une proie qui semble facile pour les prédateurs.

Mais une fois attaqué, le porc épic fait sortir des piquants qui repoussent le prédateur.

Le leader insaisissable est ainsi, plus intelligent à l'intérieur qu'à l'extérieur, au point ou son entourage demande à chaque fois << comment il a fait>>

Les plus courageux viennent auprès du leader pour lui demander son secret. Dans le but de garder la confiance des membres, il lâche un morceau du puzzle afin de satisfaire leurs interrogations.

Mais aussi et surtout pour que ses membres garde de l'admiration envers le leader.

Le leader sait que ses membres ont besoin d'appartenir à une organisation distinguée, de renom et de prestige. Afin de satisfaire leurs égos et aussi, pour donner un sens à leurs vies.

Il obéit ainsi à la sagesse « ventre affamée se fout de l'honneur ». Fort de cette sagesse, il recherche toujours la satisfaction de ses membres afin que ces derniers soient d'une loyauté ferme.

Toutefois, le leader insaisissable se rappelle de cette sagesse << L'homme est un loup pour l'homme>>.A travers cette sagesse, il sait que si l'intérêt de le trahir est plus élevé que la loyauté envers lui. Ses membres se feront un plaisir de le trahir, ainsi le leader insaisissable ne se choque pas de la trahison, en réalité la trahison est pour lui un feedback qui lui permet d'éprouver l'efficacité de son leadership.

Chapitre 6 : Astuces simples en situation de crise

Le leader doit savoir que la crise est un fait naturel. Il existe des crises politiques, des guerres, des crises alimentaires, des crises sanitaires.

Le leader doit s'attendre au fait qu'une crise puisse arriver à tout moment.

L'année 2020, nous avons vu le scenario du corona virus. Ce virus a existé en Chine depuis Novembre-Décembre 2019.

Les leaders de différents pays n'ont pas pris des mesures afin de se protéger de cette pandémie. Des gestes simples comme des tests, des masques qui auraient pu contrer ce virus.

Une chose simple était d'envoyer quelques experts pour aider les chinois et prendre en même temps des informations concernant les mesures d'éviter leurs pays d'être soumis à ce virus.

En situation de crise, le leader se rappelle cette sagesse « mieux faut faire plus, que de faire moins ».

Par moments, son entourage le voit en fou, en parano parce qu'il prend plusieurs mesures que les autres ne comprennent pas.

En effet le leader est un visionnaire, il combat donc la crise avant même qu'elle n'arrive, l'empêchant d'atteindre son organisation, si cela est possible.

Le leader doit se rappeler que le chaos vient en silence. Tel un soldat, le leader doit chaque jour être en alerte.

Il ne doit pas se contenter de voir, son rôle est de percevoir. Le leader suit la sagesse que m'a confié un maître : « Ce qui compte ce n'est pas ce qui est visible, mais plutôt l'invisible »

Derrière chaque évènement, chaque cause : action visible, il se cache quelque chose d'invisible.

Ce qui compte, ce n'est pas le coronavirus, mais ce qui se cache derrière. Derrière le coronavirus, il existe des gestes barrières comme celle de la distanciation. Derrière la distanciation, il y'a une nouvelle habitude qui se cache, éviter le monde. Afin d'éviter le monde, beaucoup de personnes vont commencer à commander tout le nécessaire en ligne.

Des entreprises opérant dans la restauration, le spectacle, les hôtels, l'évènementiel qui n'arriveront pas à se réinventer subiront la récession.

Le leader ne doit jamais devenir un paresseux qui se laisse avoir par l'interprétation des faits, Il doit rester dans l'anticipation, <<vaut mieux prévenir que guérir>>. Quand c'est urgent c'est déjà trop tard.

Tout ce que nous voyons n'est qu'un écran de fumée. C'est un mirage, c'est la belle et la bête. Il est vrai qu'il n'y 'a pas de fumée sans le feu, mais la plupart du temps une fumée est une stratégie de dispersion. Le stratège crée la fumée afin d'occuper les esprits moyens.

Le leader en fin stratège ne doit pas s'occuper de la fumée son rôle est de savoir ce qui se prépare à l'opposé de la fumée.

En situation de crise, le leader ne doit pas être en crise. Le leader est en crise lorsqu'il commence à se comporter comme un joueur de tennis.

Le jouer de tennis règle les problèmes un à un tel qu'il se présente à lui. Il est tellement dépassé par les évènements, qu'il oublie de construire une stratégie.

Un leader qui se conduit ainsi va tout droit à sa perte. Le leader doit penser toujours en termes de stratégie, il doit avoir un plan. Car un maitre m'a dit un jour « celui qui ne sait pas où il va, n'ira nul part »

Chapitre 7 : Astuces simples pour être la meilleure option

Pour une personne religieuse, le péché est mauvais. Il peut conduire à l'enfer. Notre grand désir est d'aller au paradis.

Pour aller au paradis, tout est connu, nous n'avons aucun effort de réflexion à faire. Il suffit simplement de ne pas pécher.

Alors, le problème est de connaitre le péché ?

Dieu dans son infini amour a listé les péchés, donc il suffit simplement de suivre les recommandations comme un enfant.

Ce qui est surprenant c'est que nous nous abonnons chaque jour au péché. La raison est simple: le péché est notre meilleure option. La logique voulait que notre meilleure option soit le paradis c'est à dire l'absence de péché.

Le problème est simple: le péché se trouve au niveau du désir et le paradis au niveau de la raison.

Le leader se trouve dans cette position: <<il offre le paradis à ces membres mais il constate que ces derniers ne sont pas motivés, pire il le trahisse>>.

Si le leader n'arrive pas à motiver ses membres c'est simplement parce qu'il n'est pas la meilleure option

Imaginez que Paul a un remède, il peut sauver soit sa mère ou son père. Paul décide de sauver sa mère.

Paul a-t-il trahi son père ?

La trahison n'existe pas, tout dépend des options du membre. Le but du leader est de devenir à chaque instant la meilleure option de ses membres.

L'armure du leader est la vertu. Le but de la vertu est de réduire la souffrance. Tant que le leader cherchera à offrir la meilleure option à ses membres, tant qu'il aura à cœur de réduire la souffrance de ses membres, il sera la meilleure option.

Le leader ne doit jamais oublier que l'être humain est un être complexe, une étude de chaque jour, de chaque instant.

Il doit acquérir des connaissances qui lui permettront d'agrandir sa connaissance de l'Homme.

Pour ce faire, il doit se rappeler qu'un petit détail peut créer le chaos. Loin d'être perfectionniste, il doit rechercher à chaque instant la perfection.

Mao, empereur de la chine a dit que le bon thé chinois se boit sans sucre. A cette période, le déficit de la balance commerciale chinoise était dû en partie à cause de l'exportation du sucre.

J'avoue que je n'apprécie pas personnellement le thé sans sucre. La meilleure option pour les chinois était un thé avec du sucre mais il a su inverser la tendance. Il est parvenu à faire du thé sans sucre la meilleure option des chinois.

Il est possible que le leader de l'organisation ne soit pas la meilleure option de ses membres. Mais grâce à un écran de fumée, le leader peut se proposer comme la meilleure option de ses membres.

Il suffit simplement d'être un fin stratège. Le leader doit avoir en sa possession plusieurs cartes afin de devenir la meilleure option de ses membres.

L'arme du leader, c'est l'éthique. A la différence de la morale dans le langage traditionnel définie comme faire ce qui est bon, au niveau du leadership, la morale est la réduction de la souffrance.

L'éthique, c'est la cohérence entre ce que le leader dit et ce qu'il fait. A chaque fois que le leader fait ce qu'il a dit, il augmente sa cote de confiance.

Le leader ne doit jamais oublier le facteur 6, pour avoir posé 1 seul acte non éthique, il devra poser 6 actes éthiques pour compenser ce seul acte.

C'est pour cela que le leader di se rappeler de la sagesse de nos ancêtres : « la nuit porte conseil ». Cette sagesse lui permettra de prendre des décisions sans être abusé par ses émotions.

Chapitre 8: Astuces simples pour motiver ses membres.

Le premier problème du leader c'est la motivation de ses membres.

Dans toute organisation, Il y'a deux types de membres.

Les membres qui sont motivés parce qu'ils aiment ce qu'ils font et d'autres qui sont motivés selon la mesure de la compensation.

Les membres qui aiment l'organisation sont très motivés naturellement et accompagne le leader dans la réalisation de son objectif.

Les membres qui sont motivés selon les mesures de compensation recherchent un intérêt privé qui peut être de l'argent, des titres, ou simplement le boycott de l'organisation.

Le leader doit prendre son temps pour analyser son organisation afin de scinder ceux qui sont motivés par amour et ceux qui sont motivés par les mesures de compensation.

Selon la loi de Pareto 20% des membres effectuent 80% des tâches.

Si le leader trouve 20% de membres motivés par amour son organisation sera une réussite.

Il lui restera à motiver les 80% des membres restant afin qu'ils effectuent les 20% des tâches restantes.

Il y'a aussi deux sources de motivation : la recherche du désir et la fuite de la souffrance selon Aristote.

Le désir c'est la recherche de la satisfaction à court terme. Les hommes sont attirés dans l'organisation parce qu'ils veulent satisfaire un désir comme resauter ou avoir une certaine expérience dans un domaine précis.

La fuite de la souffrance peut attirer les membres. Les membres rejoignent Toastmasters parce qu'ils fuient la douleur de la prise de parole.

Le leader doit savoir le pourquoi de la venue des membres dans son organisation.

Au niveau de la motivation, seule la règle compte. La règle est la suivante aucune dérogation n'est permise. Chaque détail compte, le leader est le garant de la règle.

Le leader doit avoir au sein de son organisation un conseil.

Chaque organisation à un bureau avec des membres qui ont un certains titres. Ces membres ne doivent pas être le conseil du leader.

Le leader doit trouver des personnes qui feront partir de son conseil.

Il choisit des personnes qui sont d'une franchise étonnante avec lui mais en même temps qui respectent la hiérarchie.

Le principe de la hiérarchie est la base de l'humilité, une personne qui ne respecte pas la hiérarchie ne peut pas être un bon conseiller.

Le leader doit se rappeler la sagesse suivante : Dieu honore les humbles mais résiste aux orgueilleux.

J'aime observer et me poser des questions. Je me suis étonné de voir que les hommes n'accordent pas d'importance aux filles qui déclarent leurs amours tôt. Logiquement, ils devaient accorder plus d'attention à ces filles qui ont été tolérante et, qui ont facilité la vie à ces hommes.

Je me suis rendu compte que les hommes accordent la valeur à une chose en fonction du degré de souffrance.

Une astuce simple pour le leader de motiver ses membres est d'accroître la souffrance pour intégrer son organisation.

Ainsi les membres accorderont une plus grande importance à l'organisation. Le leader doit donc instaurer certaine barrière afin de définir une certaine élite.

Toutefois, les membres accordent leur loyauté à une organisation dans la mesure où ils ressentent un certain confort.

Nous avons déjà connu assez d'échec qui nous ont dévalorisés. Nous avons besoin de donner un sens à notre vie.

Le leader peut aider les membres à trouver un sens à leurs vies en poursuivant un haut idéal.

Ce haut idéal peut-être une certaine performance jamais atteint par l'organisation, un grand impact au niveau de la communauté.

Le leader doit rappeler et applaudis chaque succès, le plus insignifiant.

Chaque fois que le leader rappelle un succès, il motive les membres de manière indirecte.

Une autre technique est de diriger les efforts des membres contrent un ennemi.

Combattre un ennemi en commun permet de catalyser les énergies. Cet ennemi peut être une organisation du même secteur d'activité, ou une valeur que l'organisation a en horreur telle l'injustice ou le patriarcat qui canalise les féministes.

Le leader doit chercher à comprendre toutes les actions des hommes en général, il doit être un fin curieux.

Chapitre 9: Astuces simples pour choisir ses alliés

Imaginer un vers de terre qui s'allie au grain de maïs pour combattre la poule.

En matière de stratégie, il existe deux principes de base.

Le principe du plaisir et le principe de la réalité.

Le but du principe de plaisir est de se mettre la poudre aux yeux parce que nous voulons être applaudir.

Le vers de terre qui s'allie avec le grain de maïs, sera applaudir par la foule car il fait preuve de leadership. Il essaie de rééquilibrer les choses. Ce vers de terre sera consommé par la poule.

Un tel leader est une personne qui aime bien regardé Titanic, la belle et la bête, et les films de novelas. Il confond fiction et réalité.

Le but du principe de la réalité est de faire le meilleur malgré l'opinion des autres.

Le vers de terre s'allie à la poule pour combattre le grain de maïs. Le vers de terre gagne la confiance du poulet.

Il gagne donc une trêve avec le poulet. Le vers de terre profite de cette trêve pour apprendre auprès du poulet en toute

humilité, ses points forts, ses points faibles et aussi comment devenir meilleur que le poulet.

C'est cette méthode qui a été utilisé par le Japon. Les japonais ont reçu deux bombes nucléaires sur leurs terres.

Il aurait pu chercher à combattre les États Unis, mais ils ont fait des États Unis un pays allié.

Les japonais ont appris auprès des États-Unis. Cette stratégie efficace à faire du Japon la deuxième puissance économique quelques années plus tard.

En matière de stratégie, le leader doit toujours s'allier au plus fort.

Un maitre m'a dit un jour " les alliances se font et se défont "

En stratégie de guerre la trêve est la plus importante période. Le leader doit utiliser la période de trêve pour être dans une position de force par rapport à son adversaire.

Une période de trêve n'est pas une occasion pour se reposer mais plutôt la période idéale pour préparer la guerre.

Chapitre 10: Astuces simples pour éviter les biais

Les biais cognitifs sont des aspects du mécanisme de la pensée qui provoquent une déviation de la perception et du jugement.

Le leader ne peut pas se permettre une erreur de perception ou de jugement. En vue d'avoir une perception juste des choses et un jugement clair, le leader doit se protéger des biais cognitifs.

Le premier biais qui attire mon attention est le biais du halo.

L'effet de Halo se produit quand la perception d'une personne est influencée par l'opinion que l'on a préalablement de sa personne. Une personne que nous détestons, nous allons juger ces actions comme mauvaise. Une personne que nous apprécions, nous allons juger ces actions comme bonne.

L'effet de Halo est perçu lorsque nous analysons les actions du président Donald Trump. Pendant que les républicains félicitent le président Donald Trump pour ses actions, les démocrates le critiquent.

Afin de ne pas être pris au piège par l'effet de Halo, le leader doit se poser des questions objectives.

Quels résultats atteindrons-nous avec ces actions?

N'y a-t-il pas une meilleure option?

Un questionnement approprié est le meilleur remède contre l'effet de Halo.

Le troisième biais que je souhaite évoquer dans ce livre est

Le deuxième biais à éviter est le biais de la confirmation. Ce biais est défini comme la tendance qui consiste à ne retenir que les informations qui confirment nos croyances et à ignorer le reste.

Pour se protéger de ce biais le leader doit aller vers des informations qui contredisent ses croyances.

S'il est républicain, le leader doit fréquenter les démocrates afin de récolter des informations qui sont contraires à ces croyances.

S'il est catholique, le leader doit avoir pour meilleurs amis des protestants afin de se familiariser avec des vérités contraires à la tienne.

Un maitre m'a dit un jour : << Ce que je sais, c'est que je ne sais rien même de cela je ne suis pas sûr>>.Telle est la sagesse que doit méditer chaque jour le leader dans le but de ne pas être pris dans le piège du biais de confirmation.

Le troisième biais que je souhaite évoquer dans ce livre est le biais d'auto-école l'aisance. Une personne sous l'emprise de ce biais a tendance à s'attribuer le mérite de ses réussites et à attribuer ses échecs à des facteurs extérieurs.

Ce biais est beaucoup aperçu dans le parcours scolaire. Les élèves ont tendance à s'attribuer leurs bonnes notes et à attribuer leurs échecs au professeur.

Au niveau des organisations, nous avons des leaders pris dans l'auto-complaisance. Ces derniers s'attribuent tout le succès de l'organisation et rejettent les échecs sur l'incompétence des membres, le gouvernement, la météo, et même le soleil.

Le dernier biais que j'aimerais exposer est l'effet d'amalgame ou d'illusion de corrélation. Celui-ci fait partie des biais cognitifs, qui consistent à percevoir une relation entre deux événements non reliés ou encore à exagérer l'importance d'une relation.

Pendant cette situation de covid-19, les écologistes voient une réaction de la mère nature à cause de l'incivilité des hommes.

Pendant que les croyants voient la punition de Dieu, dû au fait que l'homme à trop péché.

Les adeptes des complots voient la mise en place du nouvel ordre mondial.

Pendant que les médias disent qu'il s'agit d'un virus qui a muté suite à la consommation du pangolin.

D'autres disent qu'il s'agit d'un virus qui aurait échappé à un laboratoire.

Chacun essaie de créer une corrélation entre un événement et le Covid-19.

Le leader doit s'abstenir de vouloir créer des corrélations lorsqu'il n'a pas de certitude. Cet état d'esprit permet au leader de mieux apprécier les événements.

Conclusion

Cet essai est ma contribution que la Cote d'Ivoire traverse au cours de cette crise sanitaire.

Un maitre m'a dit un jour « personne ne peut agir au-delà de ses connaissances »

Le leadership est un langage familier, beaucoup de personnes se sentent exclu.

Mon but est de rendre la notion de leadership tellement accessible qu'un enfant de 6 ans puisse comprendre.

La crise sanitaire donne naissance à un nouveau style de leadership, les cartes sont redistribuées. Nous devons saisir l'opportunité.

Votre fidèle serviteur, Joel ATSE.

Expert en stratégie de motivation certifiée par Toastmasters International

TABLE DE MATIERE

Printed by Books on Demand GmbH, Norderstedt / Germany